Zendoodles

für Grundschulkinder

Susanne Schaadt
Rüdiger Paulsen

Meditatives Zeichnen zu Tiergedichten

Verlag an der Ruhr

Titel
Zendoodles für Grundschulkinder –
Meditatives Zeichnen zu Tiergedichten

Autoren
Susanne Schaadt (Vorwort und Idee), Rüdiger Paulsen (Gedichte)

Illustrationen
Susanne Schaadt

Verlag an der Ruhr
Mülheim an der Ruhr
www.verlagruhr.de

Geeignet für Kinder von 6–10 Jahren

Unser Beitrag zum Umweltschutz:
Wir sind seit 2008 ein ÖKOPROFIT®-Betrieb und setzen uns damit aktiv für den Umweltschutz ein. Das ÖKOPROFIT®-Projekt unterstützt Betriebe dabei, die Umwelt durch nachhaltiges Wirtschaften zu entlasten. Unsere Produkte sind grundsätzlich auf chlorfrei gebleichtes und nach Umweltschutzstandards zertifiziertes Papier gedruckt.

ISBN 978-3-8346-3211-1

Printed in Germany

Inhaltsverzeichnis

Vorwort

Mit der außergewöhnlichen Kombination von Gedichten und Zendoodle-Ausmalvorlagen bietet dieses Buch Ihnen ein breites Spektrum an Einsatzmöglichkeiten in Schule, Kindergarten und Therapie. Doch **was ist ein Zendoodle?**
Der Begriff setzt sich aus den Wörtern „Zen" und „doodle" zusammen. „Zen" hat hier die Bedeutung von „die Gedanken und den Geist beruhigen" und „zur inneren Mitte gelangen". Das englische Wort „doodle" lässt sich am besten mit „kritzeln" übersetzen. So ist „Zendoodle" der Inbegriff für ein meditatives, zur inneren Ruhe führendes Kritzeln.
In einem Zendoodle werden Strich für Strich Muster in eine vorgegebene Form gezeichnet. Das rhythmische Setzen der Striche und Linien in einer bestimmten Reihenfolge und die sich wiederholenden Muster haben eine große meditative, entspannende Wirkung. Sie ermöglichen den Schülern*, sich beim Zeichnen zu zentrieren und ihre Mitte wiederzufinden.

Zu jedem Gedicht finden Sie im Buch **eine auf den Inhalt des Gedichtes abgestimmte Illustration mit Zendoodle-Mustern** sowie **eine entsprechende Blanko-Illustration ohne Muster**.
So können die Schüler entweder die weißen Flächen innerhalb der Zendoodle-Muster farbig ausgestalten oder aber die Blanko-Version desselben Motivs selbst mit Mustern füllen. Auch in letzterem Fall bietet sich die Möglichkeit, die Zeichnung im Nachhinein noch farbig zu gestalten.
Bevor die Schüler die Muster in die Motive zeichnen, ist es sinnvoll, erst einmal verschiedene Muster zu üben. Dazu finden Sie im Buch **Übungsblätter mit Flächen-, Band- und Streumustern**. Später können dann auch eigene Muster entwickelt und eingesetzt werden.

Sowohl das Zeichnen der dekorativen Muster und Ornamente als auch das Ausmalen der Flächen zwischen den Mustern fördern die Kinder auf vielfältige Weise. Schon das Nachspuren und Fortsetzen der Muster auf den Übungsblättern **schult die Feinmotorik, die Auge-Hand-Koordination sowie die Figur-Grund-Wahrnehmung**.
Verstärkt wird dies im späteren freien Zeichnen der Muster. Die Ausgestaltung der Bilder mit vorgegebenen oder eigenen Mustern regt die Fantasie an und **fördert die Kreativität** in besonderem Maße. Ganz nebenbei und spielerisch **verbessern sich Ausdauer und Konzentrationsfähigkeit** der Schüler. Der Wechsel von großen und kleinen, weiten und engen, runden und eckigen Strichführungen **trainieren die Lockerheit der Hand und die Fingerfertigkeit**. Dies kann auf das Schriftbild eine positive Auswirkung haben. Zendoodles haben zudem einen hohen Motivationsfaktor.

Die Zendoodle-Zeichenmethode ist für alle Schüler geeignet, die gezielt mit einem Stift Striche auf ein Papier setzen können. Besondere Fähigkeiten oder Begabungen sind nicht nötig. **Bei dieser Methode gibt es kein Richtig oder Falsch.** So haben die Kinder immer ein Erfolgserlebnis.
Natürlich sollten die Schüler versuchen, das vorgegebene Muster so gut wie möglich nachzuzeichnen. Hat sich trotzdem mal ein „Fehler" eingeschlichen, wird einfach das Muster verändert und der Fehler mit in das Muster einbezogen.

Die Gedichte mit Schmunzelfaktor eignen sich zum Lesen, Vorlesen und auch zum Auswendiglernen. Sie schulen das Sprachverständnis, Textverständnis und den Sprachrhythmus. Die unterschiedlichen Schwierigkeitsgrade bieten diverse Differenzierungsmöglichkeiten.

Neben dem Einsatz der Zendoodle-Illustrationen zu den Gedichten können die Kinder auch zu den Gedichten eigene Bilder malen oder zu den Zendoodle-Bildern eigene Geschichten in Prosa oder Reimform schreiben.

Wir wünschen Ihnen und den Kindern viel Spaß und Erfolg mit den Gedichten und Zendoodles!

Susanne Schaadt und Rüdiger Paulsen

* Aus Gründen der besseren Lesbarkeit haben wir in diesem Buch durchgehend die männliche Form verwendet. Natürlich sind damit auch immer Frauen und Mädchen gemeint, also Lehrerinnen, Schülerinnen etc.

So arbeiten Sie mit Zendoodles

Diese Materialien benötigen Sie

Die besten Ergebnisse werden erzielt, indem man mit einem schwarzen Feinliner 0,4 mm auf weißes Papier zeichnet. Es kann aber auch mit einem Bleistift gezeichnet werden. Die schwarze Farbe des Fineliners bildet jedoch einen schöneren Kontrast zum weißen Untergrund und lässt die Muster klar und brillant erscheinen. Wichtig: Es darf nicht radiert werden.
Optimal wäre es, wenn Sie die Zendoodle-Illustrationen oder die Blanko-Illustrationen auf ein 120 oder 160 g/qm schweres, weißes Kopierpapier kopieren. Auf leichterem Papier besteht die Gefahr, dass die Fineliner-Linien auslaufen bzw. das Papier sich beim Ausmalen der Bilder zu schnell wellt oder sich bei starkem Aufdrücken der Stifte weitet und „beult", vielleicht sogar reißt.
Für das Ausmalen der Motive eignen sich Buntstifte oder auch farbige Fineliner/Filzstifte. Für kleine Muster-Zwischenräume nimmt man Stifte der Größe 0,4 mm, für größere Flächen Stifte der Größe 0,8 – 1,0 mm.

So üben Sie die Muster mit den Schülern

Zeichnen Sie ein Muster eines Übungsblattes Schritt für Schritt an die Tafel und erklären/beschreiben Sie die Schritte dabei. Weisen Sie darauf hin, dass die Muster langsam und genau gezeichnet werden sollen. Je gleichmäßiger und ordentlicher ein Muster gezeichnet wird, desto schöner und klarer wirkt es. Beim Zendoodle-Zeichnen kommt es nicht darauf an, möglichst schnell fertig zu werden, sondern bewusst in Ruhe einen Strich nach dem anderen zu setzen. Wird beim Üben mit dem Bleistift gearbeitet, darf nicht radiert werden. Weisen Sie zu Beginn des Zeichnens darauf hin.
Auf den Übungsblättern finden Sie Flächenmuster, mit denen sehr gut auch große Flächen gefüllt werden können. Die Bandmuster eignen sich besonders für schmale, längliche Flächen.
Die vielen gleichen Einzelformen eines Streumusters können gleichmäßig auf der Fläche verteilt werden oder, mal mehr mal weniger gehäuft, in der Fläche auftreten. Vorlagen für mögliche Zendoodle-Muster finden Sie auf den Seiten 6 bis 17.
Die Übungsblätter zu den Mustern sind so aufgebaut, dass neben dem komplett gezeichneten Muster die Fortsetzung durch gepunktete Linien dargestellt ist. Die Schüler spuren die Linien an den Punkten entlang nach. Dann setzen sie das Muster ohne Hilfslinien im freien Raum fort. Im Anschluss können sie die Muster in die leeren Felder 1:1 nachzeichnen.
Manchem Kind muss der Ablauf des einen oder anderen Musters noch einmal genauer erklärt werden. Wichtiger als das korrekte Nachzeichnen ist aber immer die Freude am Zeichnen und den Spuren, die der Stift auf dem Papier hinterlässt.

Eigene Muster kreieren

In der Regel sind Kinder schon nach kurzer Zeit so fasziniert von dem Zendoodle-Zeichnen, dass sie eigene Muster entwickeln. Hier bietet es sich an, dass die Schüler besonders gelungene Muster den anderen Schülern Schritt für Schritt an der Tafel zeigen.
Wird ein kleines Musterheft angelegt, haben die Schüler schon nach kurzer Zeit eine große Mustersammlung, die vielfältig eingesetzt werden kann.
Vielleicht haben Sie als Lehrer auch Lust, selbst neue Muster zu entwerfen. Gehen Sie doch einmal gemeinsam mit den Schülern auf Mustersuche in der Natur oder anderen Kulturen.

Die Zendoodle-Zeichenmethode im Unterricht

Das Zeichnen und/oder Ausmalen der Zendoodle-Muster ist wunderbar als Stillarbeit geeignet.
Die meditative Wirkung lässt die Kinder zur Ruhe kommen und ein paar Minuten vom oft lauten und stressigen Schulalltag abschalten. Durch unterschiedliche Schwierigkeitsgrade in den Mustern kann die Übung sehr gut dem Leistungsstand und den Fähigkeiten der Schüler angepasst werden.
Wenn ein oder zwei Muster erklärt und geübt werden, dauert dies nur ein paar Minuten und kann effektiv als kleine Pause in den Unterricht eingebaut werden.
Besonders wirkungsvoll zum gemeinsamen Ankommen und Starten in den Schulalltag ist es, am Morgen vor dem „eigentlichen" Unterricht an einem Zendoodle zu arbeiten oder neue Muster kennenzulernen. Den Schultag jeweils mit einem neuen Zendoodle-Muster zu beginnen, ist eine leichte und bei Schülern beliebte Art, Ruhe in die Klasse zu bringen.

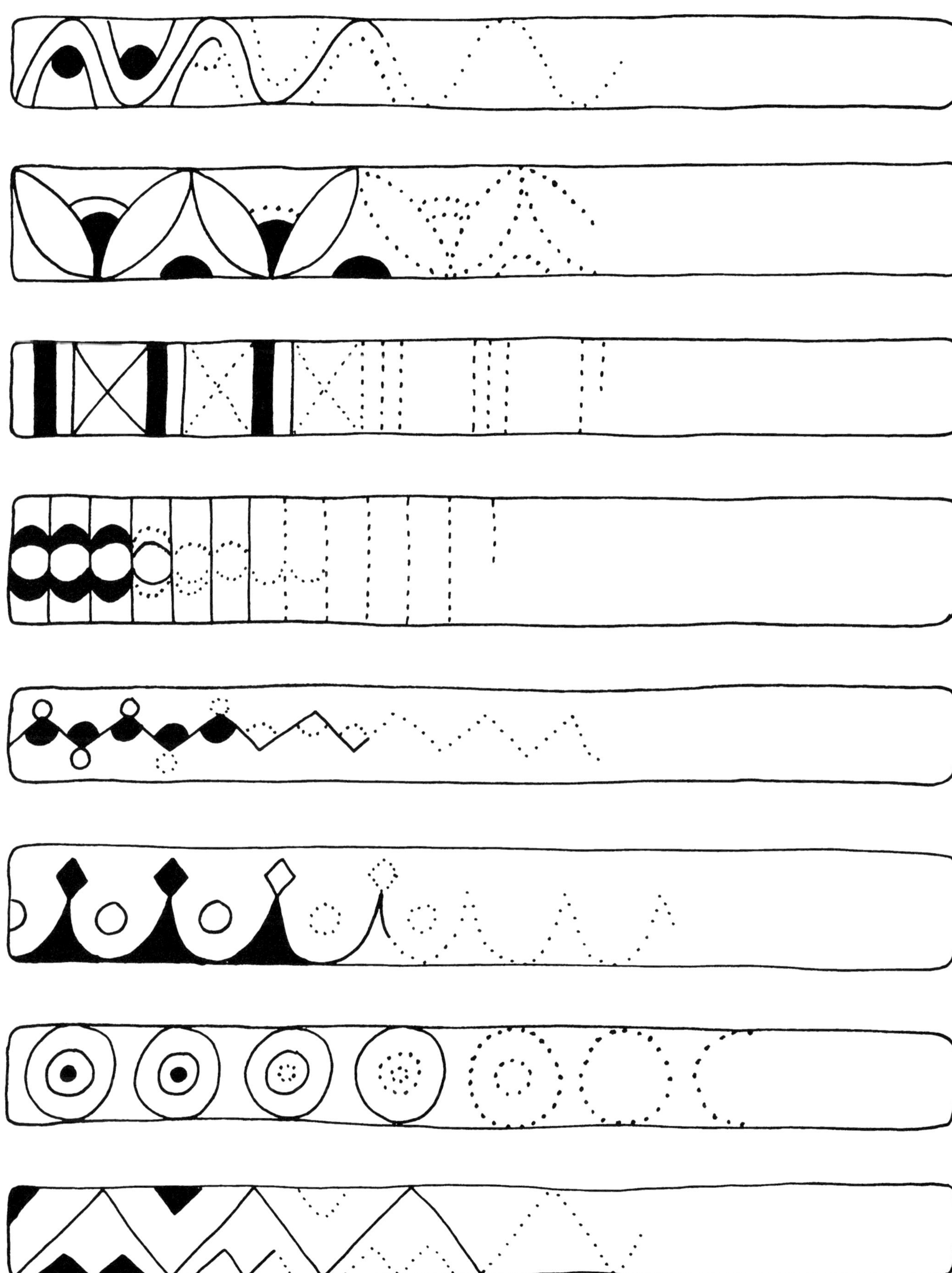

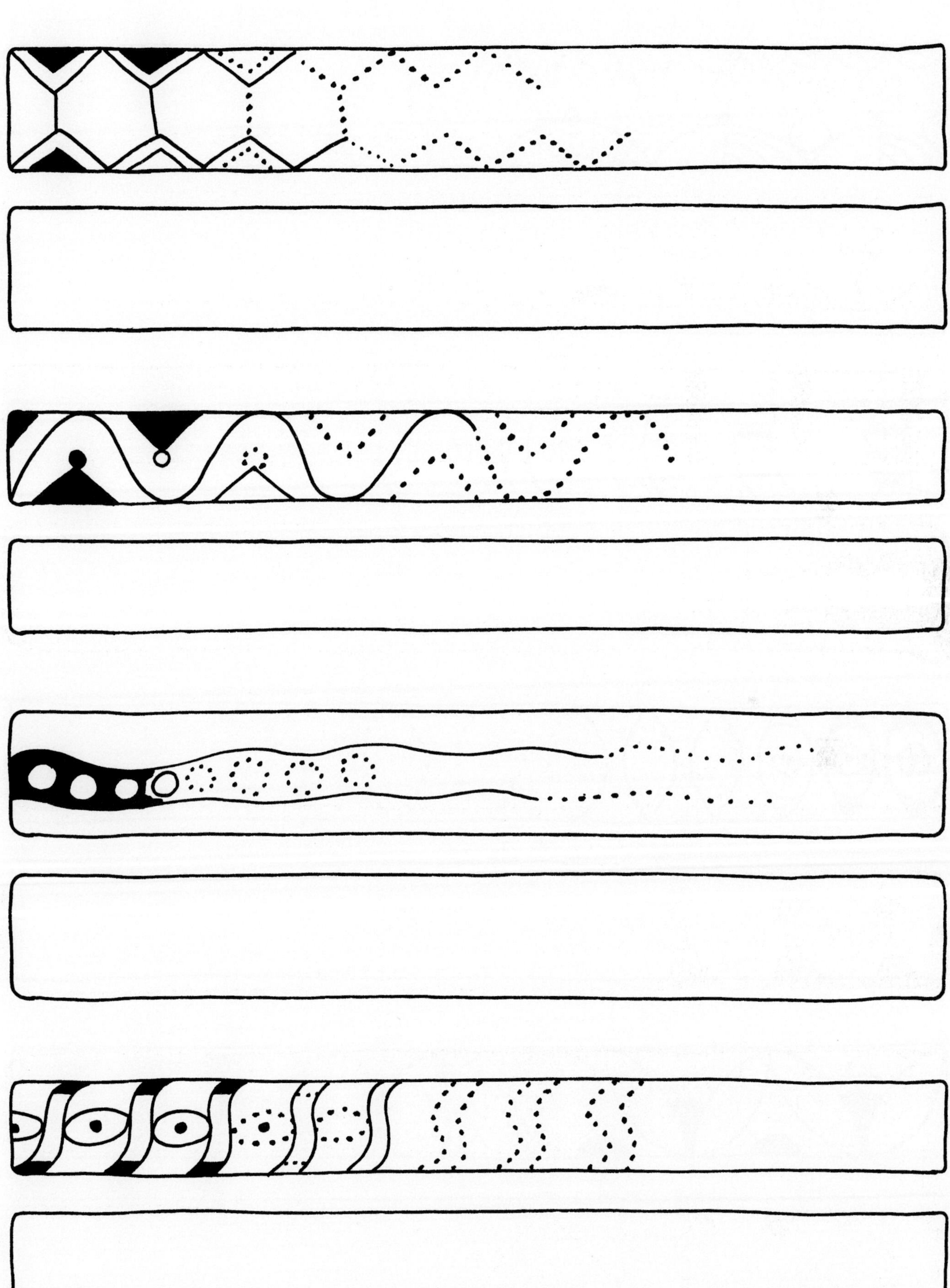

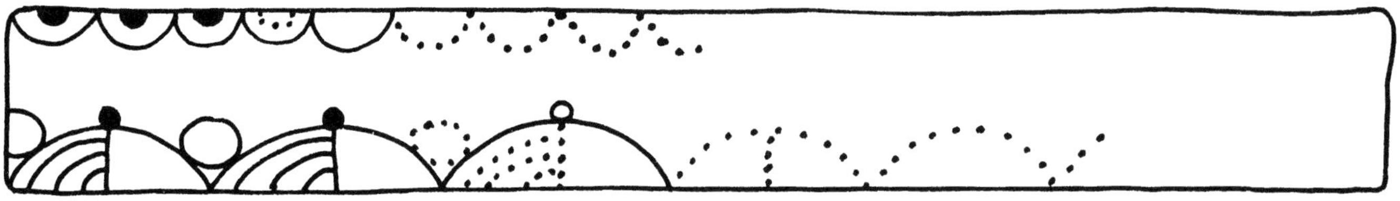

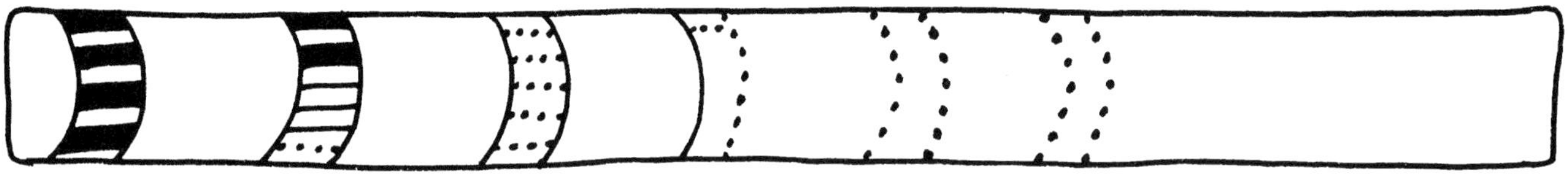

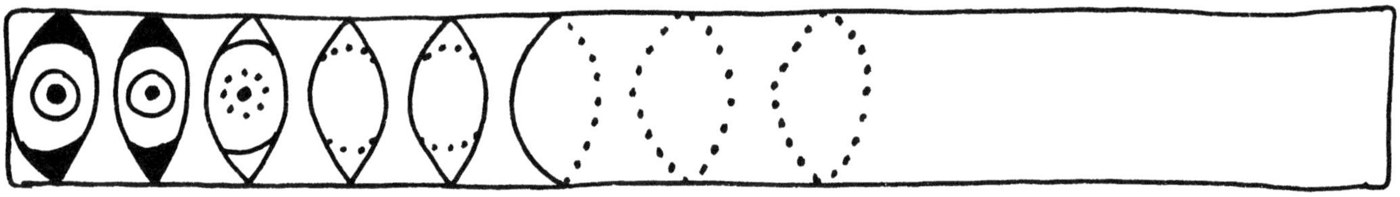

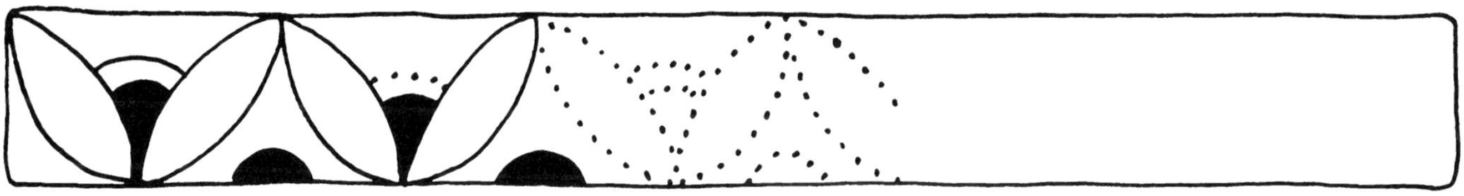

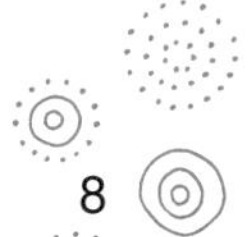

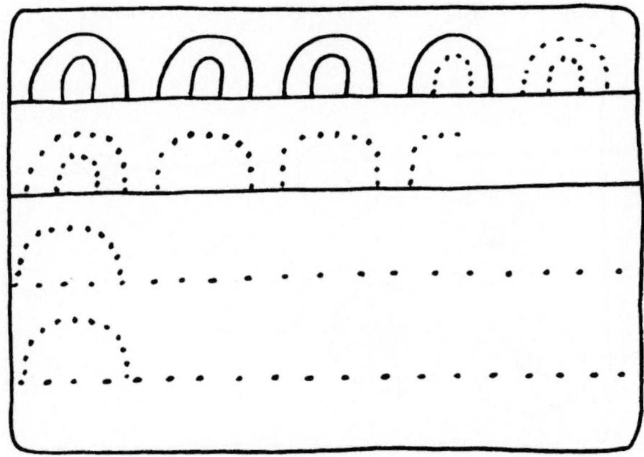

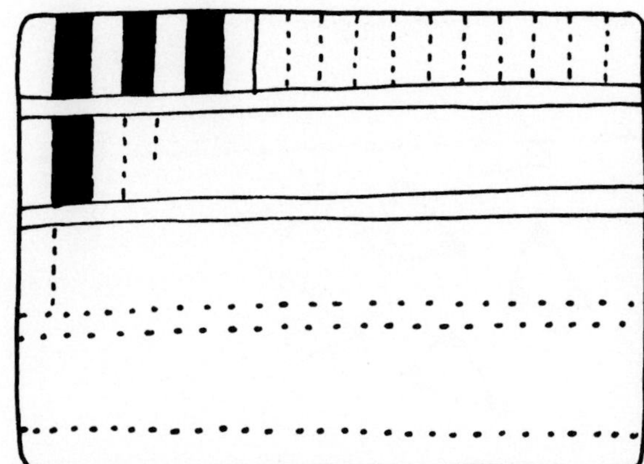

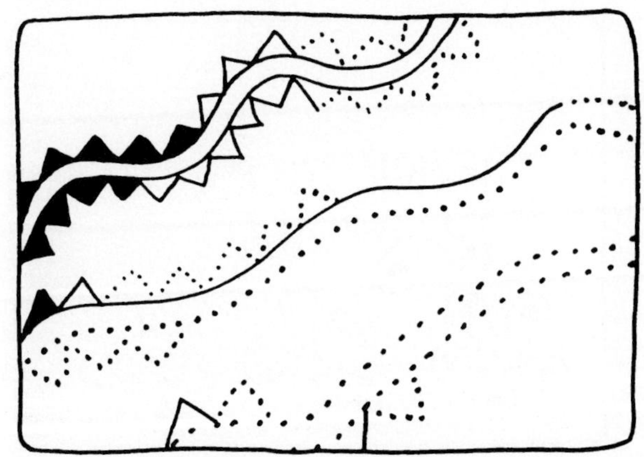

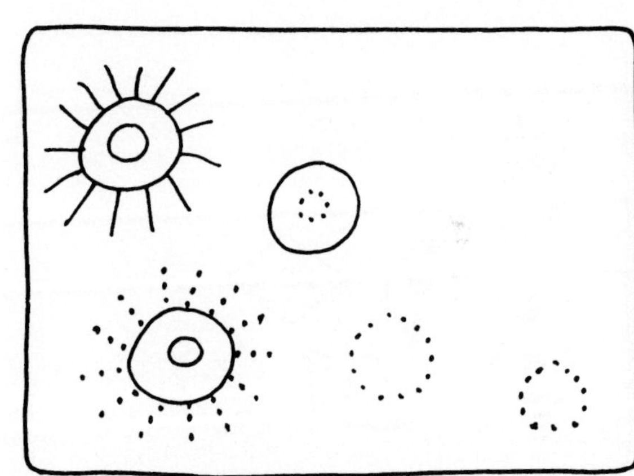

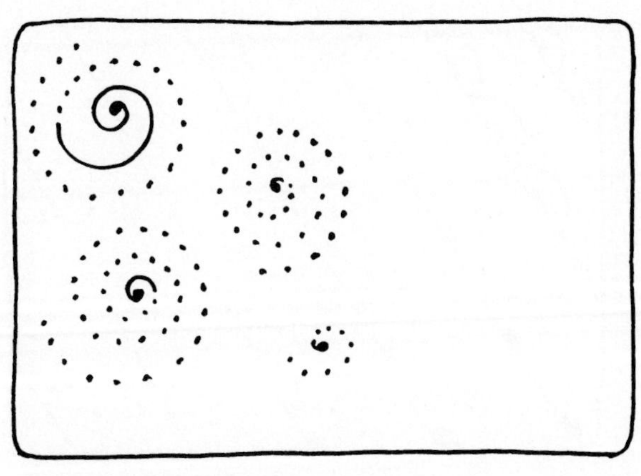

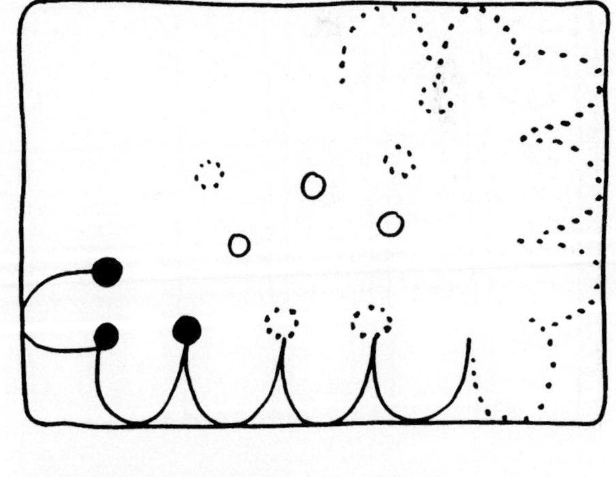

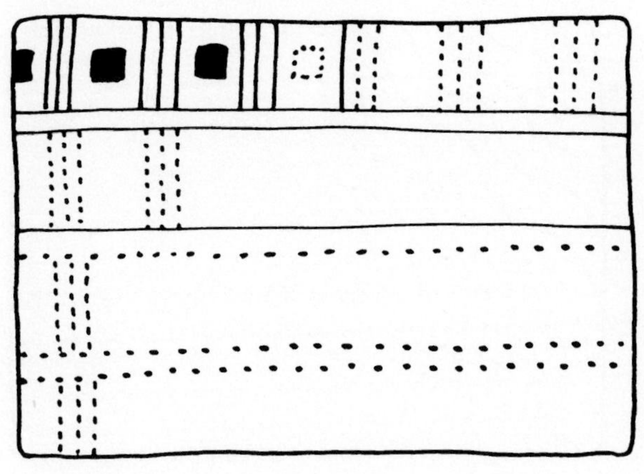

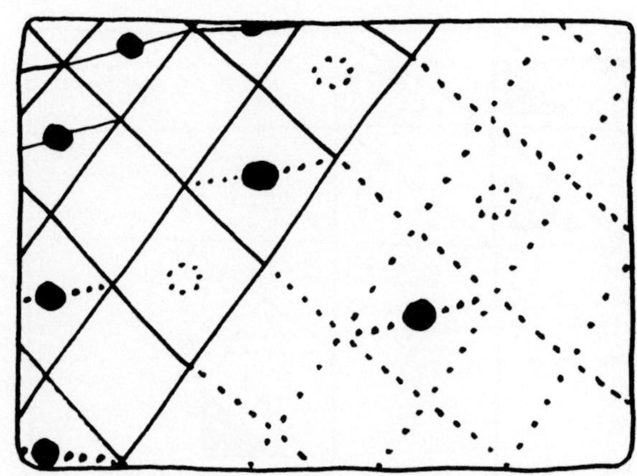

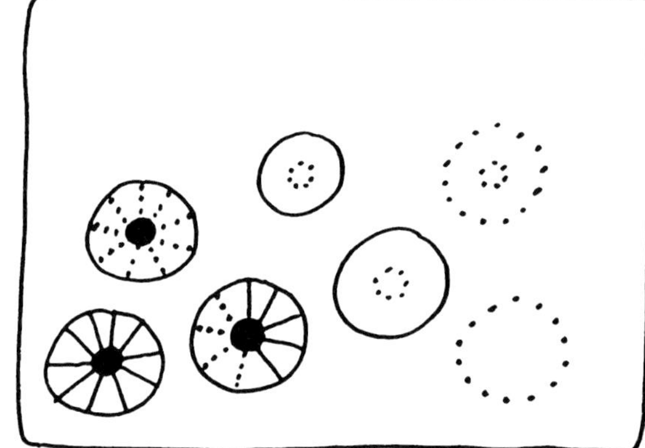
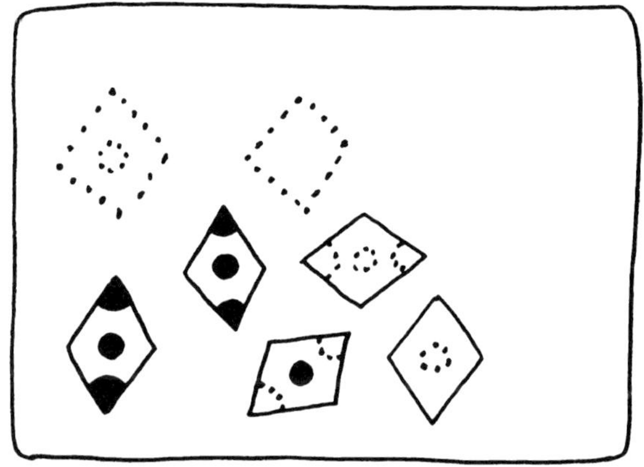

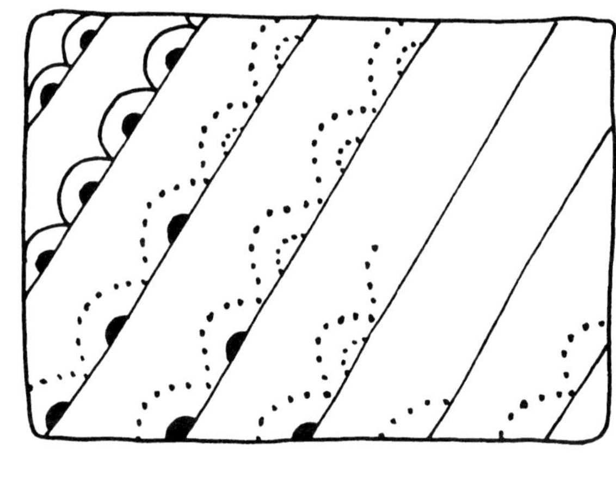
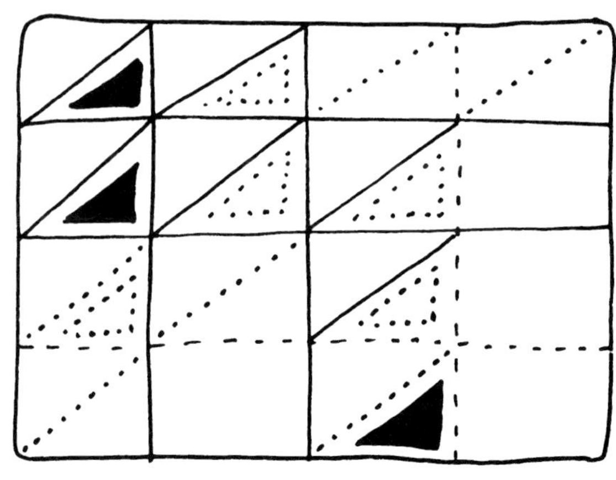
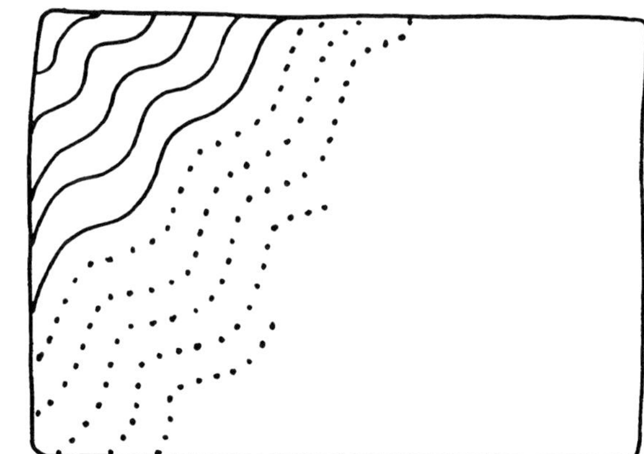

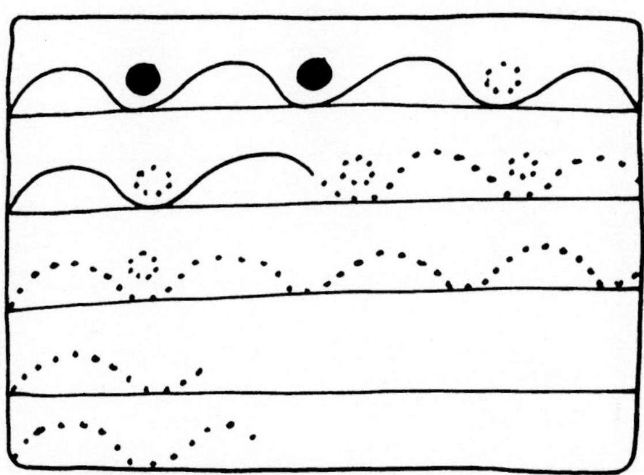

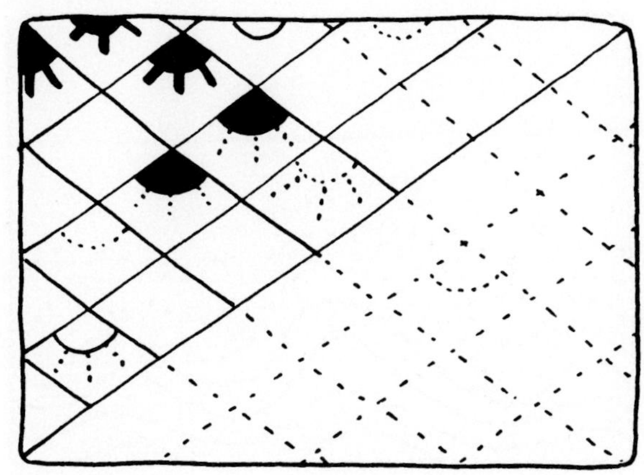

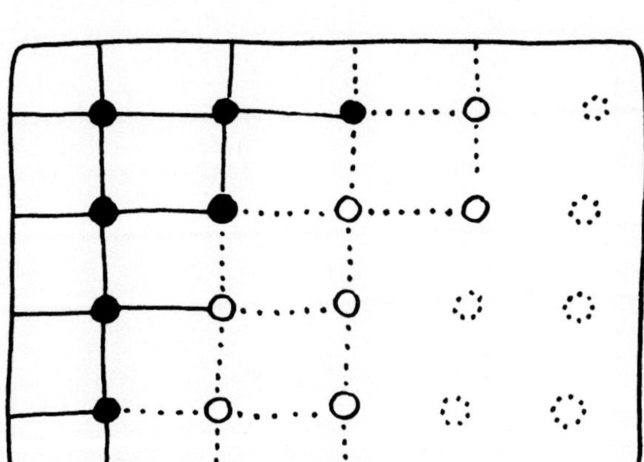

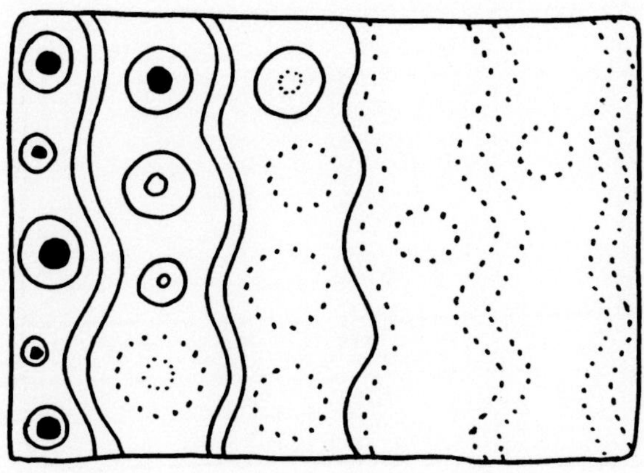

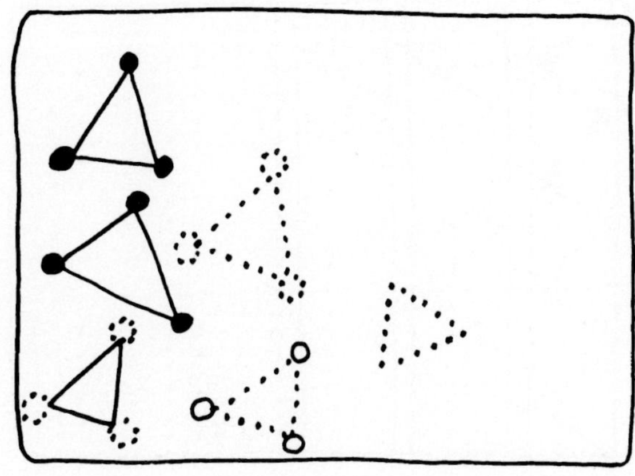

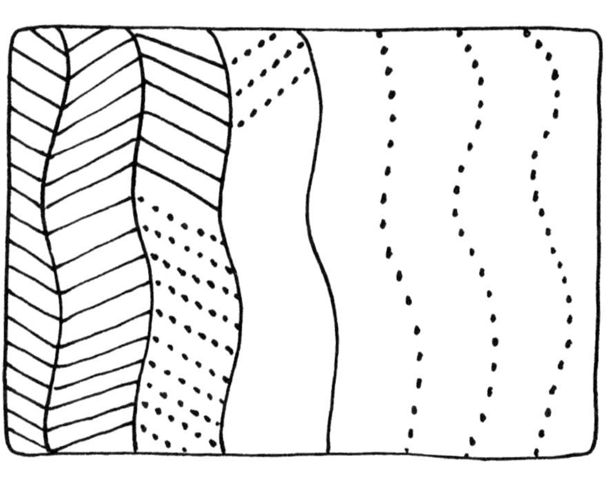

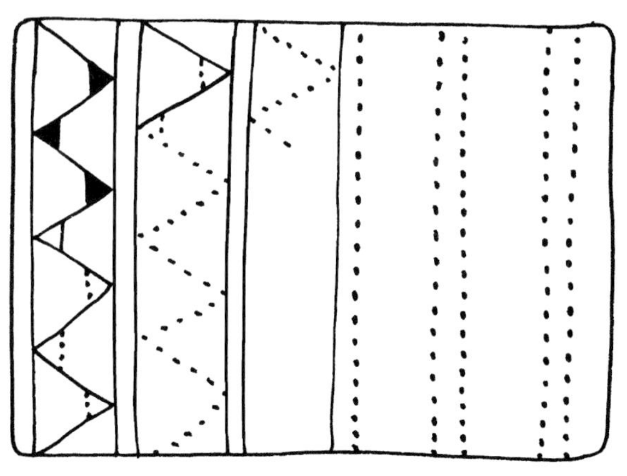

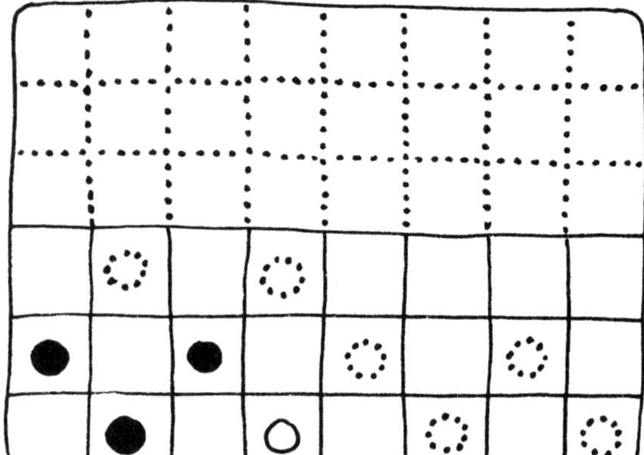

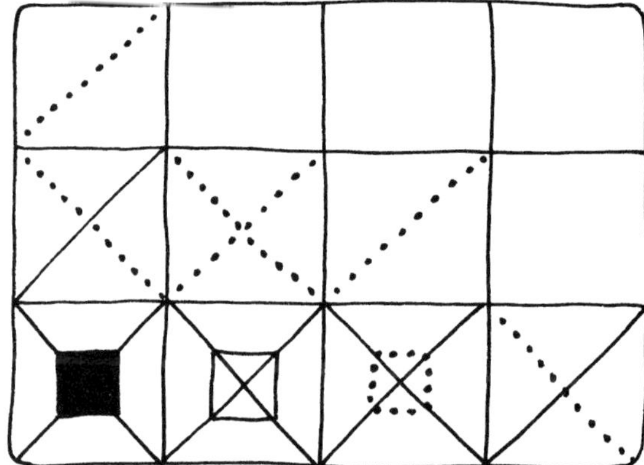

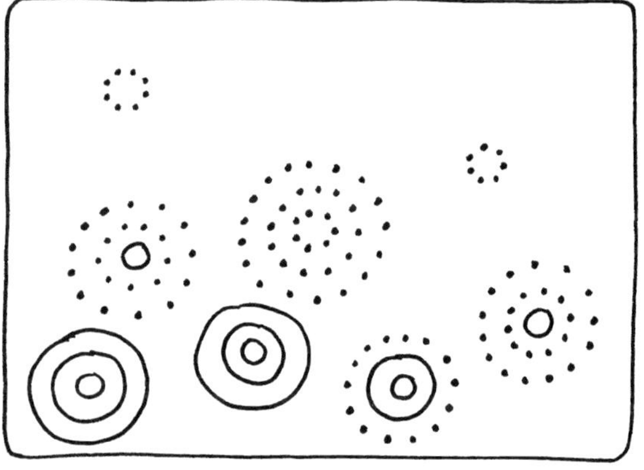

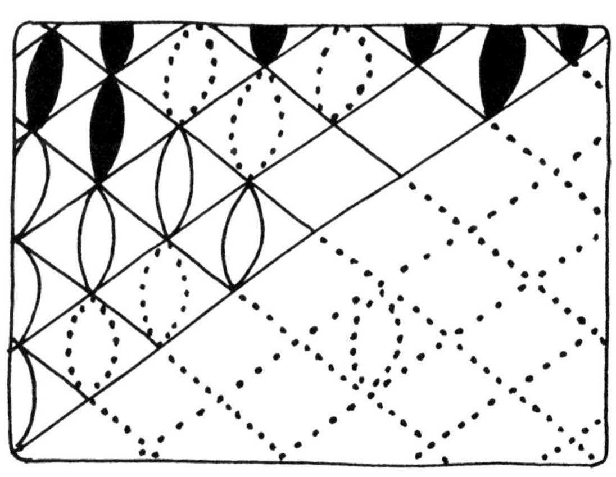

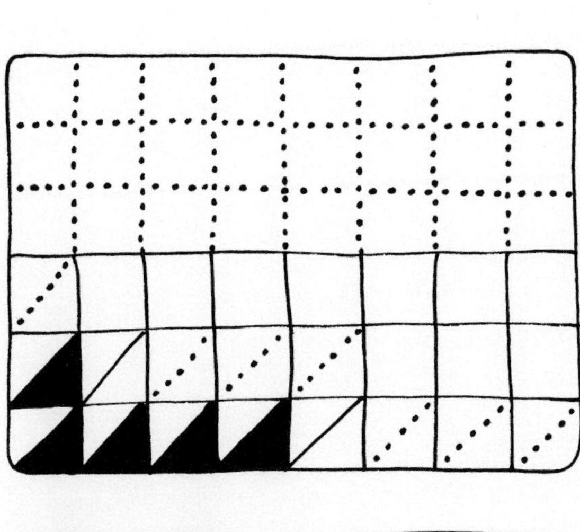

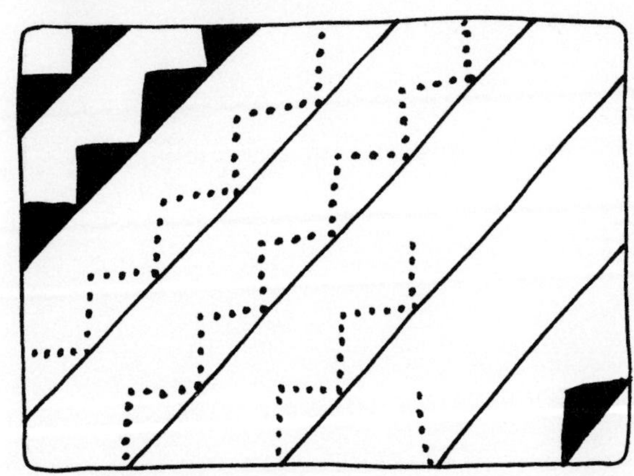

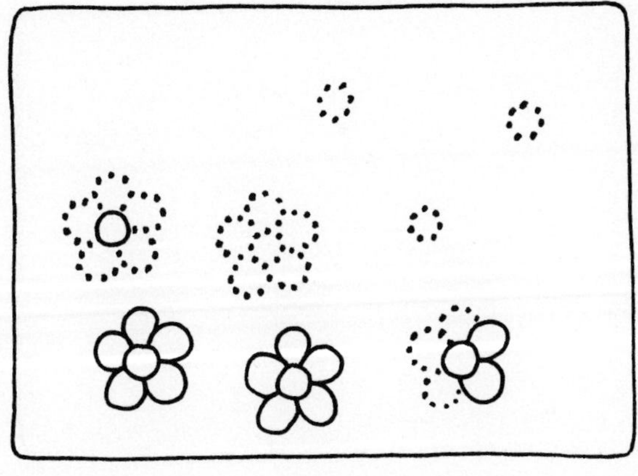

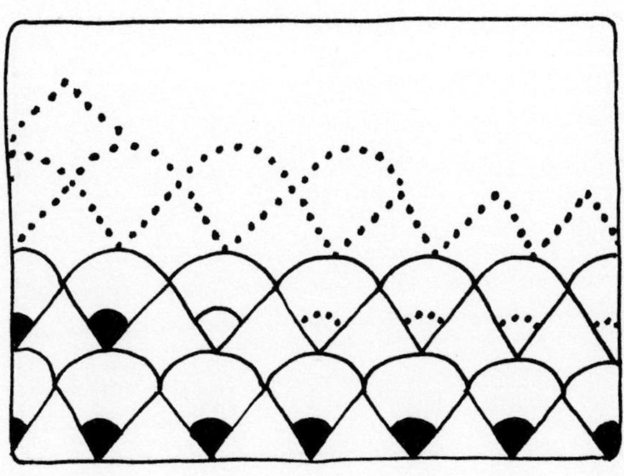

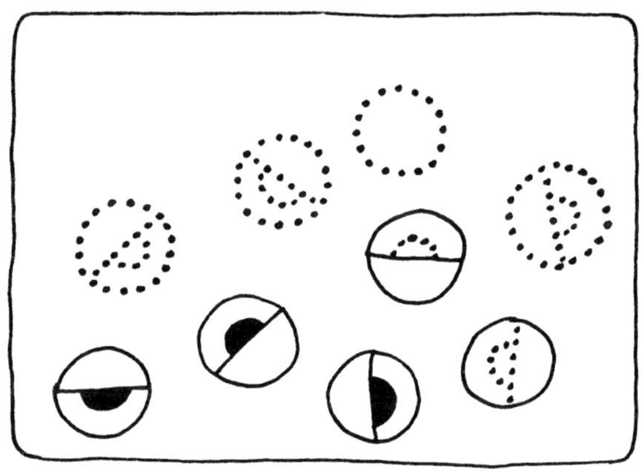

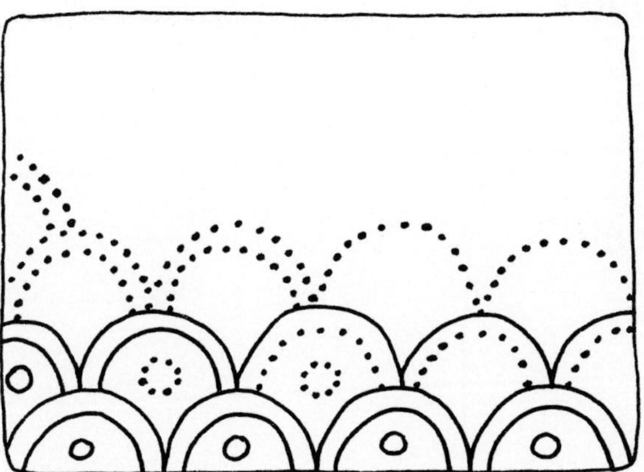

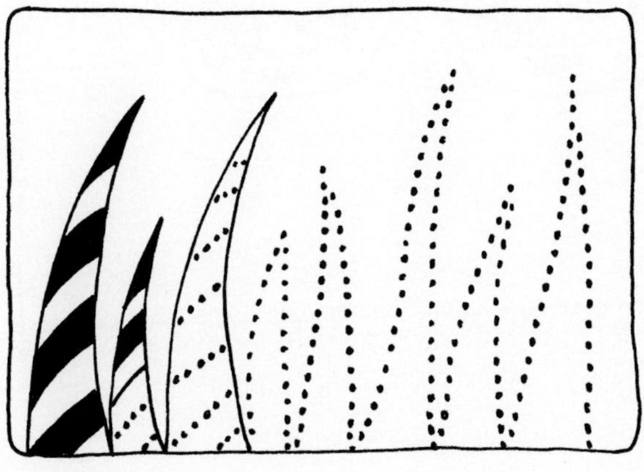

Tapselmann, der Honigbär

Im Wald steht eine kleine Hütte,
auf einer Lichtung, in der Mitte.
Dort wohnt der Braunbär Tapselmann
und bietet süßen Honig an.

Er ist im Wald sehr gut bekannt,
wer naschen will, kommt angerannt.
Man kann das Angebot studieren
und wer mal möchte, darf probieren.

Honig, flüssig und in Waben,
ist bei Tapselmann zu haben.
Jeder nimmt, was ihm gefällt,
und das geht auch ohne Geld.

Der Honig schmeckt so wunderbar
und rutz-putz ist schon nichts mehr da.
Dann sieht man unter hohen Buchen,
den Tapselmann nach Honig suchen.

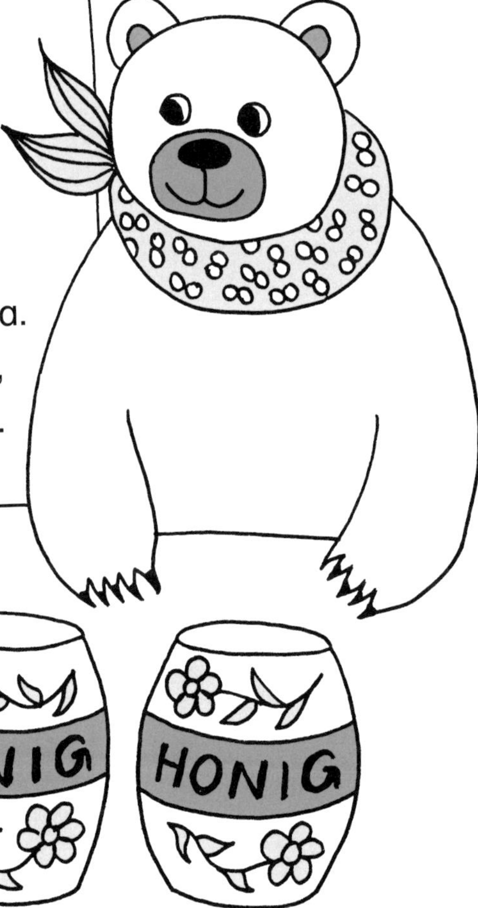

HONIG
HONIG
HONIG

HONIG

Ein Delfin aus Florida

In Florida, im blauen Meer,
schwimmt ein Delfin, mal hin mal her.
Er passt gut auf, dass nichts passiert,
wenn sich ein Schwimmer mal verirrt.

Kommt plötzlich eine große Welle,
ist der Delfin sofort zur Stelle.
Er bringt dann einen Rettungsreifen,
wer nicht mehr kann, muss danach greifen.

Sogleich ist die Gefahr gebannt
und sicher geht's zurück an Land.
Dort ruht man sich ein bisschen aus
und schwimmt nicht mehr so weit hinaus.

In Florida, im blauen Meer,
schwimmt ein Delfin, mal hin mal her.
Er ist, das wussten wir schon immer,
der allerbeste Rettungsschwimmer.

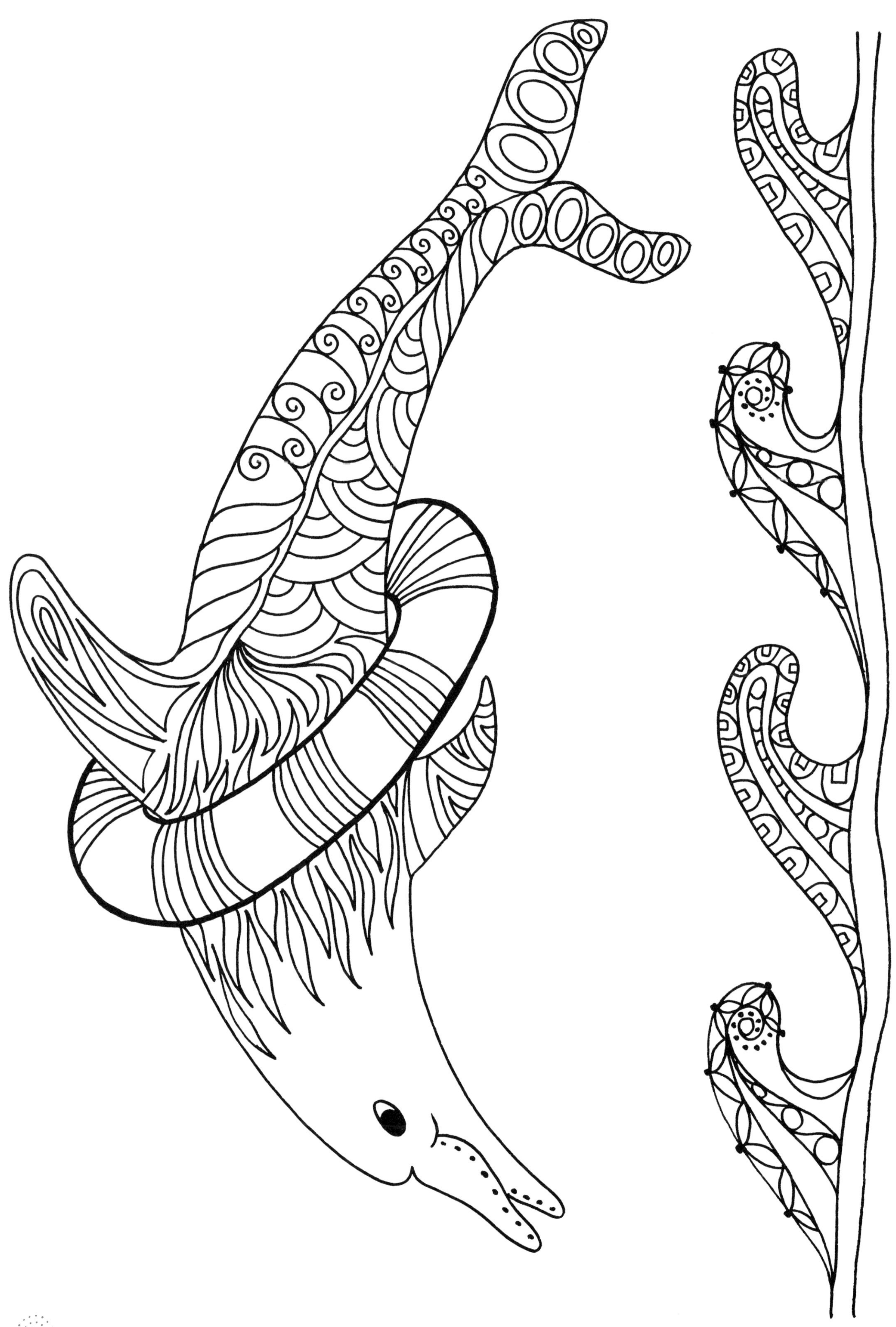

Der lustige Elefant

Ich bin Bodo Elefant
und mach die tollsten Sachen.
Auf einer Kugel tanze ich,
kann auch Männchen machen.

Meine Haut ist grau und dick,
bin groß und superstark.
Reiten darfst du auch auf mir,
weil ich das gerne mag.

Ich trage auf dem Rücken
ein Tuch, sehr bunt und fein,
mit vielen tollen Mustern,
mal groß und auch mal klein.

Den Wassereimer sauge ich
mit meinem Rüssel leer.
Dann spritze ich mich pudelnass,
das fällt mir gar nicht schwer.

Wenn dabei noch die Sonne lacht,
wird es besonders schön.
In vielen Farben kannst du dann
den Regenbogen sehn.

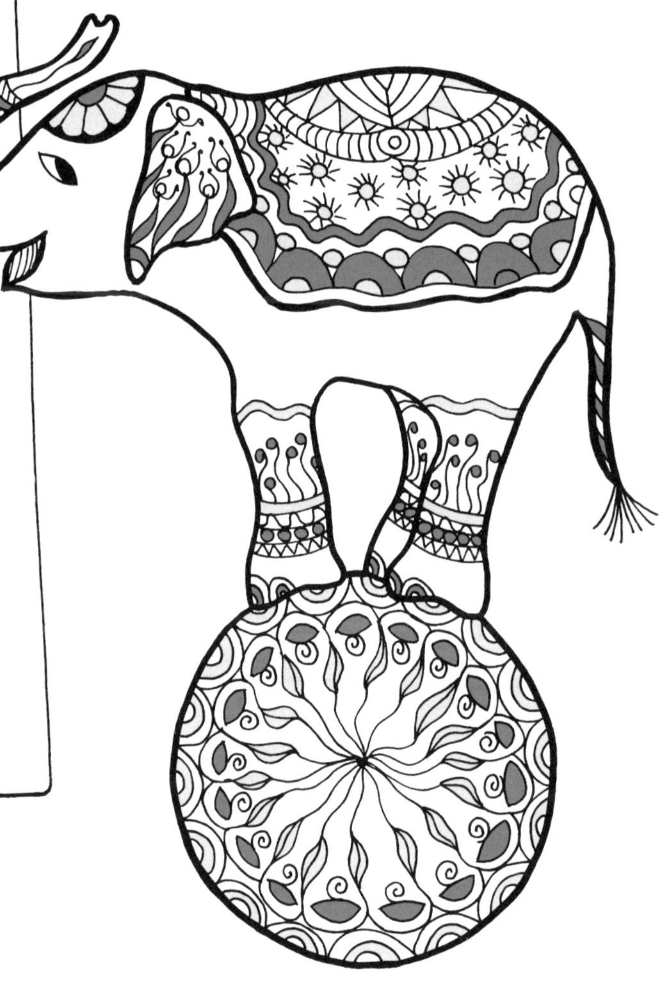

Die Bücher-Eule

Im Wald, bei einer hohen Fichte,
wohnt Eulendame Erika.
Sie kennt Geschichten und Gedichte
und die erzählt sie wunderbar.
Auch kann sie fast auf alle Fragen
stets eine gute Antwort sagen.

Sie hockt auf einem Bücherturm
im Wald unter den Bäumen,
und Hase, Igel, Spatz und Wurm
hören zu und träumen
von Räubern, Rittern oder Drachen
und vielen andren tollen Sachen.

Die Eulendame Erika
leiht Bücher gerne aus.
Hast du nichts mehr zum Lesen da,
nimmst du eins mit nach Haus.
Dann bist du bald, das ist doch klar,
so schlau wie Eule Erika.

Der Karpfen Emil Kugelbauch

Der Karpfen Emil Kugelbauch
hat heute Langeweile.
Er blubbert Blasen vor sich hin,
in Ruhe, ohne Eile.

Die Blasen steigen ganz nach oben
und blubbern aus dem Wasser.
Wie Seifenblasen sehn sie aus,
nur sind sie etwas nasser.

Erst, wenn ein Sonnenstrahl sie trifft,
schillern sie wunderschön
und dann, über dem kleinen Teich,
kann man sie platzen sehn.

Ein schönes Wasserfeuerwerk
von Emil Kugelbauch
und wenn du grad am Ufer sitzt,
siehst du es sicher auch.

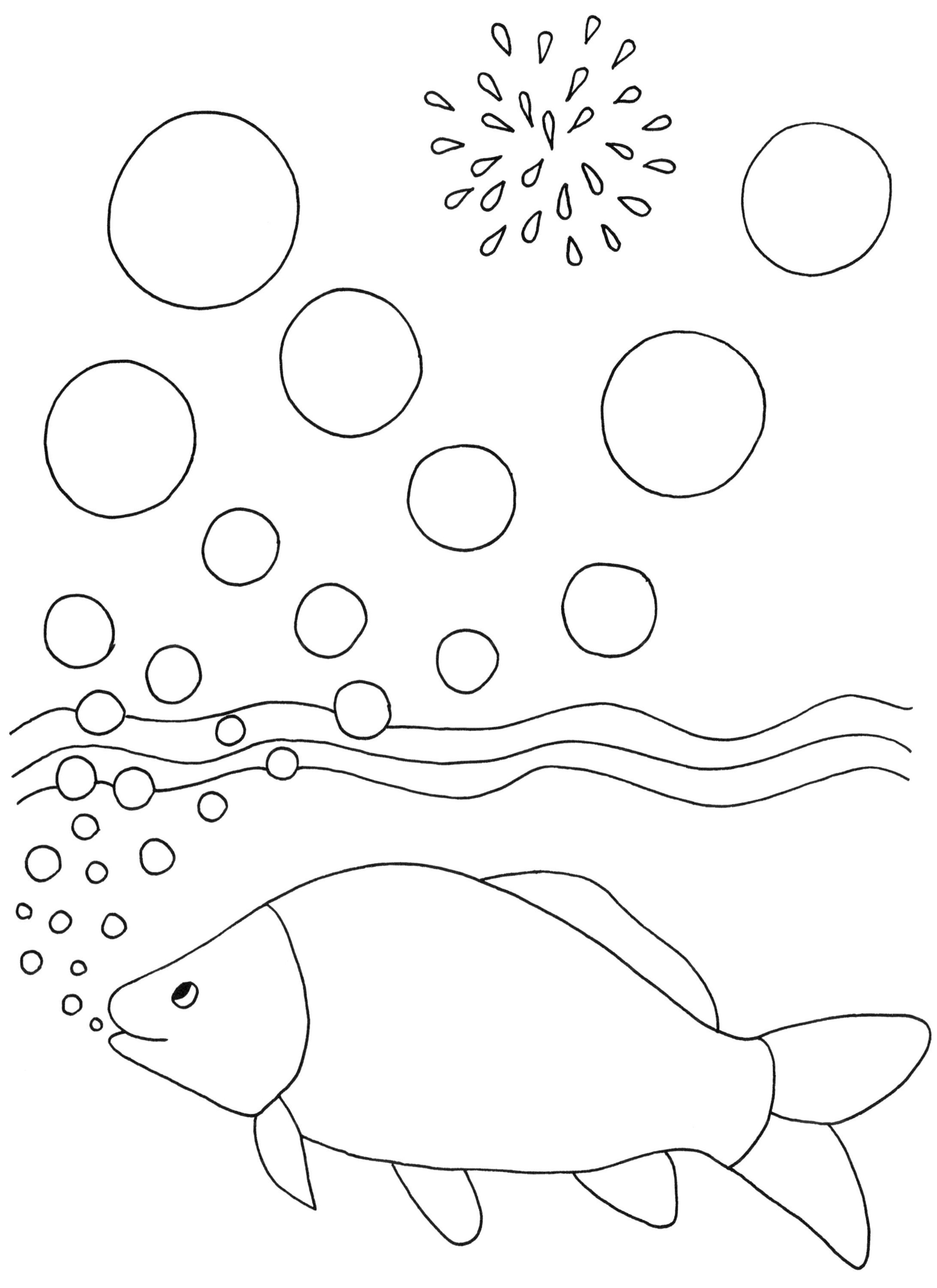

Karl Fridolin, der Musikant

Karl Fridolin, der Musikant,
spielt für sein Leben gern
die Tuba unterm Sternenzelt,
das hört man schon von fern.

Er quakt und tutet wunderschön
und ist dabei nicht leise.
So spielt er lustig vor sich hin
manch altbekannte Weise.

Wenn ihm einmal die Luft ausgeht,
braucht Pause er vom Spielen.
Dann schwimmt er kurz durch seinen Teich,
um sich mal abzukühlen.

Munter tutet er dann fort
bis weit nach Mitternacht.
Dann packt er seine Tuba ein
und sagt sich: „Gut gemacht."

Barbara, pass auf!

Wer ist das größte Tier im Land?,
und wer kann sehr weit sehn?
Das ist Giraffe Barbara,
ihr Hals ist lang und schön.

Auch hören kann sie ziemlich gut
und schlafen braucht sie kaum.
Nur manchmal döst sie vor sich hin,
träumt einen kleinen Traum.

Hat sich ein Babytier verlaufen
im hohen Steppengras,
kann sie es sofort wiederfinden,
das macht ihr sehr viel Spaß.

Dann freun sich alle, rufen laut:
„Es ist so wunderbar,
dass es dich gibt in unsrem Land,
du liebe Barbara!“

Karlos bunte Federwelt

Federn, schön in allen Farben,
kurz und lang und schmal und breit,
sind bei Karlo Hahn zu haben,
er verkauft sie jederzeit.
Nach dem Frühstück um halb acht
wird der Laden aufgemacht.

Stolz kräht Karlo in die Runde:
„Schöne Federn, kommt und schaut!“
Das ist bald in aller Munde,
Karlo kräht auch wirklich laut.
Willst du tolle Federn sehn,
brauchst du nur zu Karlo gehn.

Hühnerfedern, Gänsekiele,
alles bietet Karlo an.
Entenfedern gibt es viele,
zwei von einem Auerhahn.
Heute steht im Angebot:
eine Feder in knallrot.

Karlos Federn sind nicht teuer.
Geld braucht Karlo wirklich nicht.
Wie? Das ist dir nicht geheuer?
Hör, was Karlo dir verspricht:
„Bring mir Körner, Wurmgetier,
schon gehört die Feder dir.“

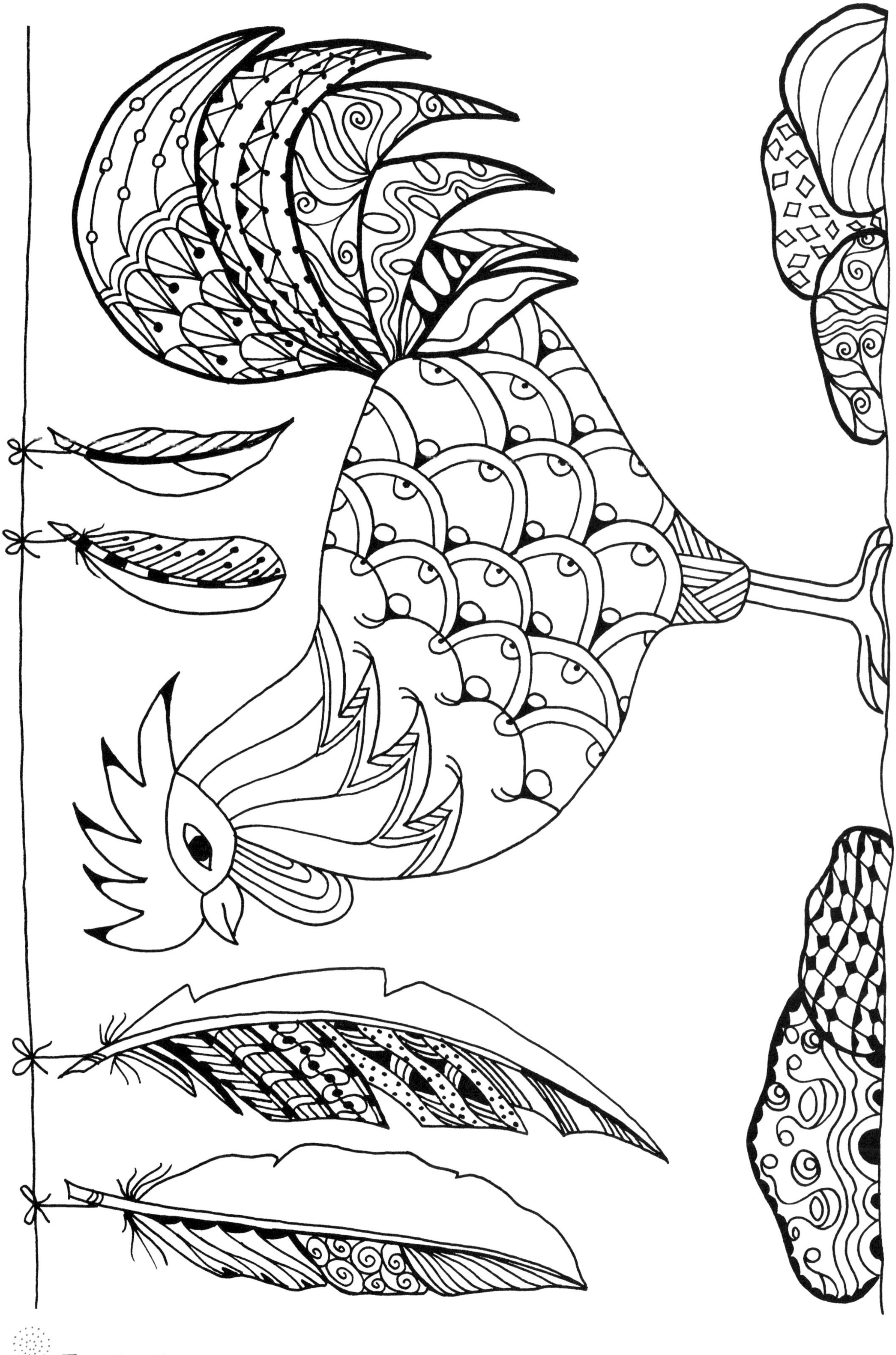

Post für dich!

Trari, Trara, die Post ist da
mit Siggi Känguru.
Er flitzt und springt von Haus zu Haus
und stellt die Briefe zu.

In seinen großen Beutel
passt allerhand hinein,
auch Päckchen und Pakete,
egal ob groß, ob klein.

Schreib du doch auch mal einen Brief
an Onkel oder Tante.
Die meisten Kinder haben doch
auch weit entfernt Verwandte.

Der Postmann Siggi Känguru
trägt deinen Brief dann aus.
Er kennt in diesem schönen Land
sogar das kleinste Haus.

Dann wartest du ein wenig ab,
da ist doch nichts dabei
und dann kommt Siggi Känguru
mit einem Brief vorbei.

Der ist für dich von Onkel Franz
mit Poststempel aus Dissen.
Was drinsteht, geht nur dich was an,
das dürfen wir nicht wissen.

Die Libelle und der Wurm

Ein kleiner Wurm kriecht auf der Wiese,
will seinen Freund besuchen.
Der wohnt im Wald hinter dem See
kurz vor den großen Buchen.

Der Weg ist weit, der Wurm ist müde,
kommt kaum noch von der Stelle.
„Komm, kleiner Wurm, ich flieg dich hin“,
sagt Edeltraut Libelle.

Da freut der kleine Wurm sich sehr
und macht es sich bequem.
Jetzt kann er endlich auch einmal
die Welt von oben sehn.

Die Edeltraut fliegt wie ein Blitz,
dafür ist sie bekannt
und eins, zwei, drei, schon landet sie
direkt am Waldesrand.

„Wenn du zurück nach Hause willst“,
sagt Edeltraut Libelle,
„dann schlag die Glockenblume an,
ich bin sofort zur Stelle.“

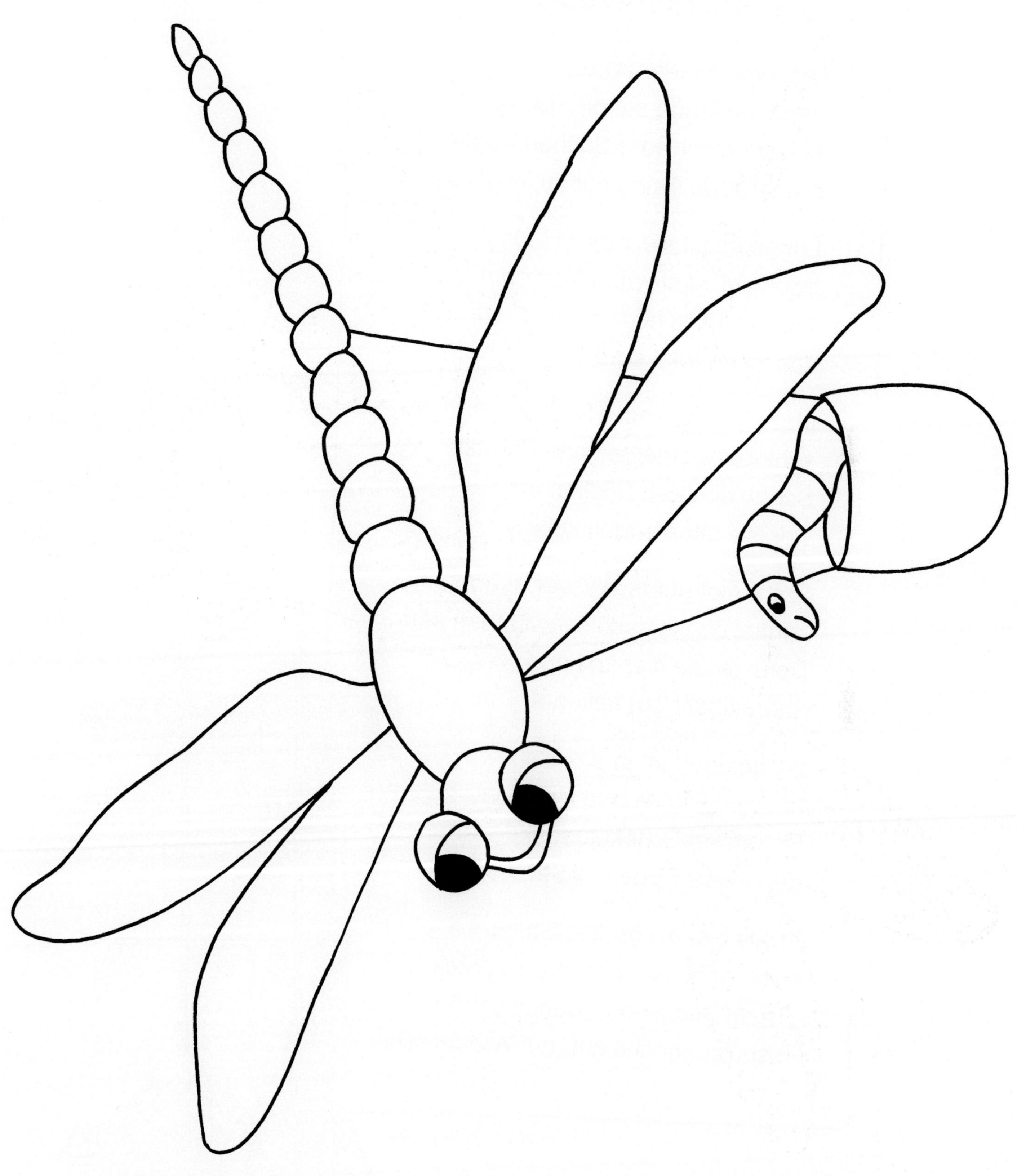

Die starke Trude

Umzüge in jeder Weise
gehn mit Trude auf die Reise.
Musst du schwere Sachen tragen,
brauchst du Trude nur zu fragen.

Langsam ist sie, das ist klar,
trotzdem ist sie pünktlich da.
Auf den Berg oder ins Tal,
das ist ihr total egal.

Möbel, Kisten oder Säcke
schleppt sie gerne, jede Strecke.
Schau dir ihren Rücken an,
was sie alles tragen kann.

Soll's mal übers Wasser gehn,
kannst du sie auch schwimmen sehn.
Dafür ist sie hier im Land
überall sehr gut bekannt.

Ist sie dann an ihrem Ziel,
hat sie Hunger, und zwar viel.
Du backst Schokoladenkuchen,
den muss Trude mal versuchen.

Trude isst ein großes Stück,
dann geht sie nach Haus zurück.
„Trude", sagst du, „danke schön.
Tschüss, machs gut, auf Wiedersehn."

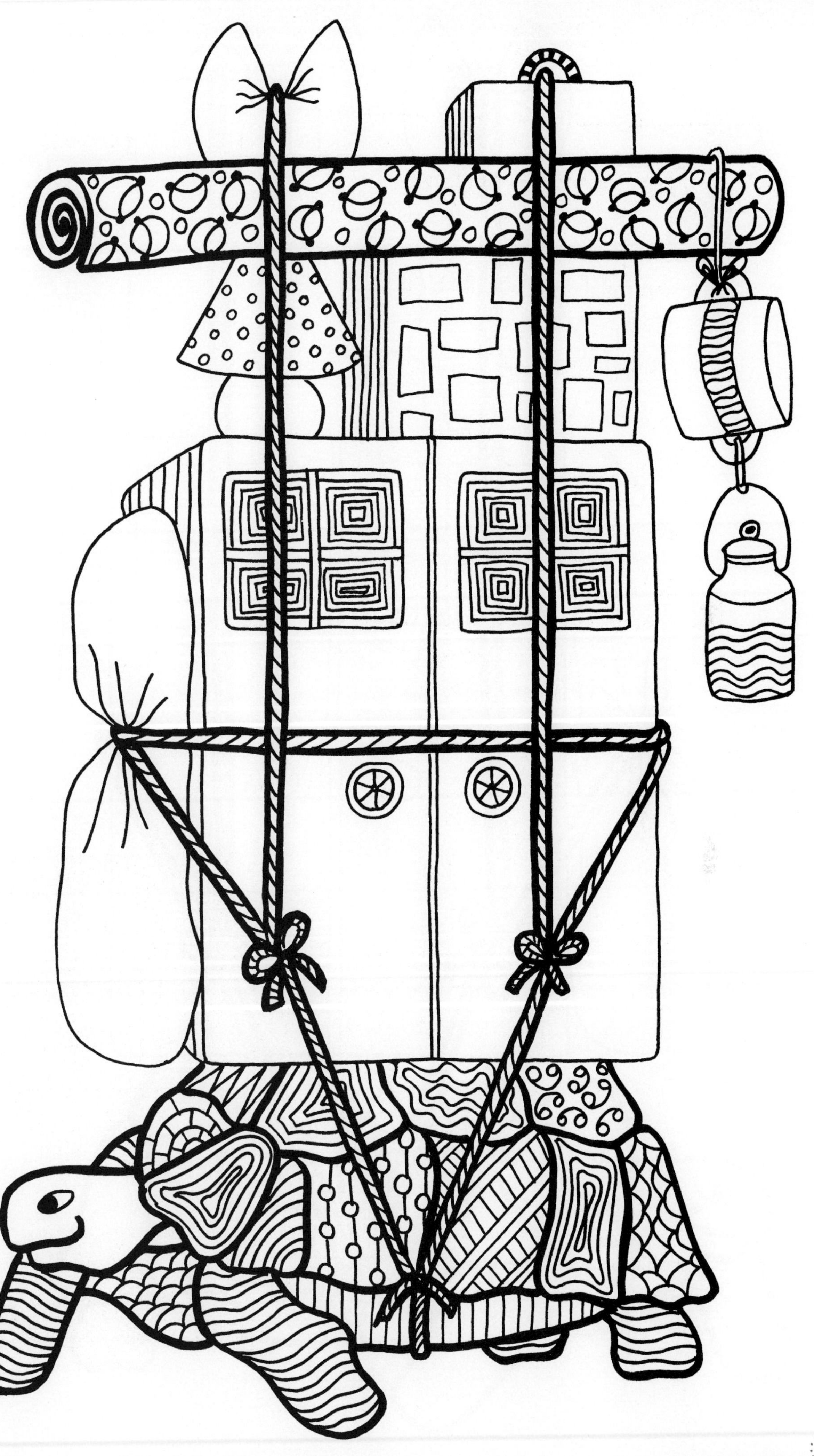

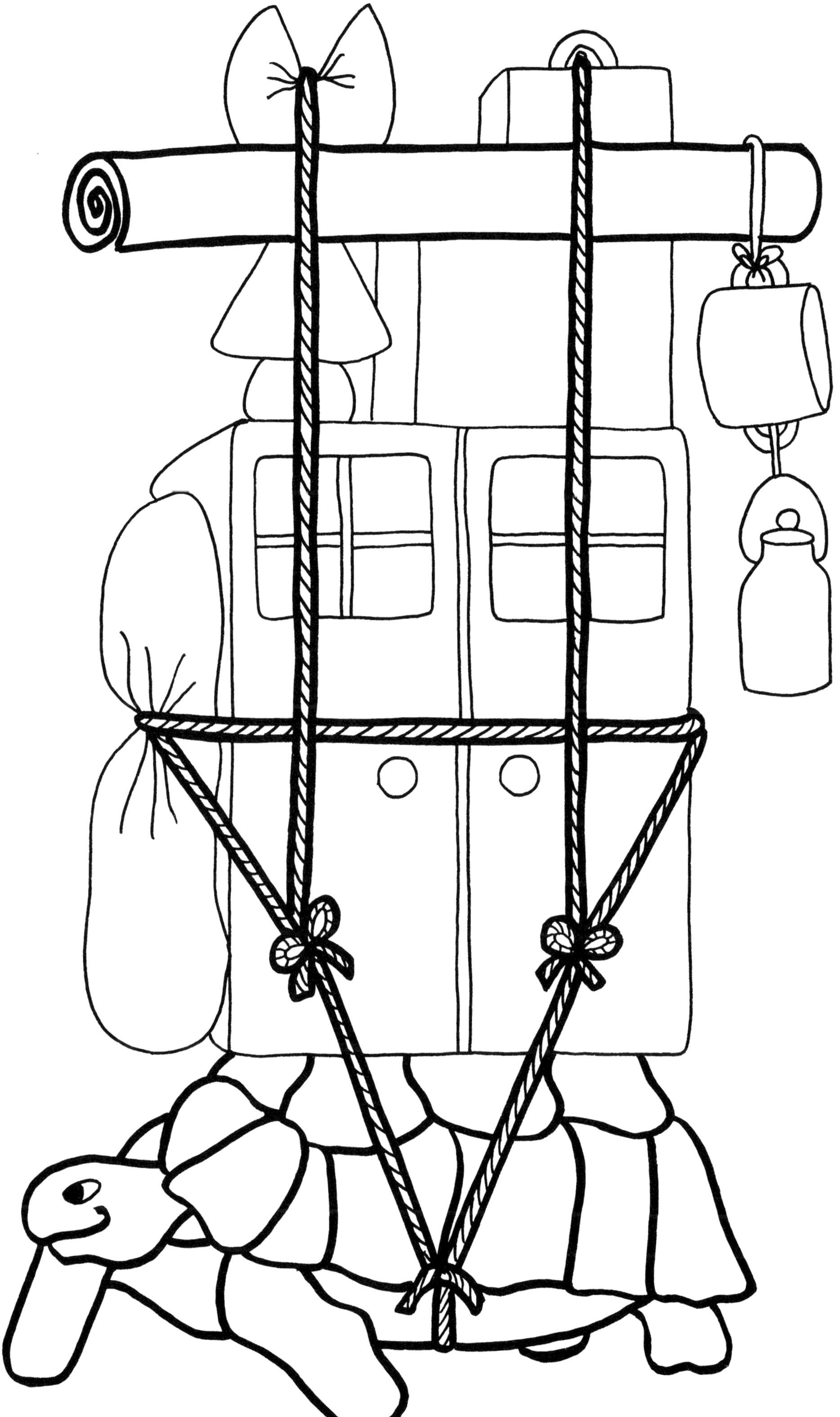

Gute Reise, Rosi!

Im Urwald stehen große Bäume,
auch tiefe Gräben gibt es dort.
Wer hier wandert, muss mal halten
und kommt so leicht nicht weiter fort.

Einmal will die kleine Rosi
zu einer Schneckenhochzeit gehn,
doch vor einem breiten Graben
bleibt sie etwas ratlos stehn.

„Warte!“, sagt Elvira Schlange,
geschmeidig gleitet sie vom Baum.
„Ich kann mit meinem Schlangenkörper
eine Brücke für dich bau'n.“

Rosi Schnecke ist begeistert,
nun kann die Reise weitergehn.
Schnell kriecht sie auf die andre Seite
und ruft: „Elvira, danke schön!“

„Gute Reise“, sagt die Schlange,
„Grüße an das Hochzeitspaar.
Kommst du nach der Feier wieder,
bin ich noch mal für dich da.“

Klarissa tanzt

Wer tanzt so schön und federleicht
im Garten hinterm Haus?
Das ist Klarissa Schmetterling,
sie sieht fantastisch aus.

Die Flügel rot und gelb und blau,
so zart wie Seifenblasen.
Sie gleitet übers Blumenbeet
und schwebt über den Rasen.

Sie tanzt den ganzen Sommer lang,
so wunderherrlich schön.
Erst wenn es kühler wird im Herbst,
kannst du sie nicht mehr sehn.

Dann hält sie einen Winterschlaf,
vielleicht bei dir zu Haus,
und wartet, bis es Frühling wird,
dann kommt sie wieder raus.

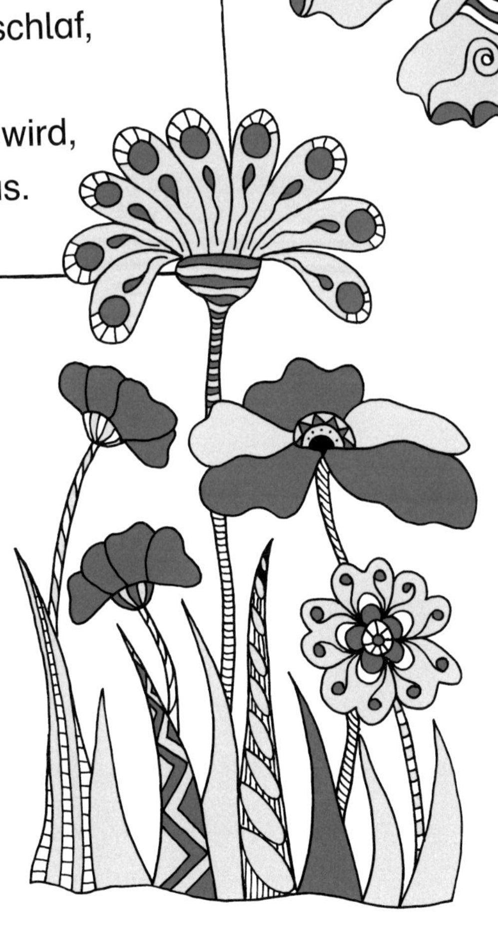

Zendoodles
für Grundschulkinder

Alles sauber, dank Rita!

Auf dem Hof von Bauer Klein
wohnt ein wunderschönes Schwein.
Jeden Tag bekommt es Futter,
manchmal sogar Brot mit Butter.

Das Schwein heißt Rita Pingelich
und eines Tages sagt es sich:
„Der Bauer ist ein guter Mann,
mal sehn, ob ich ihm helfen kann."

Am nächsten Morgen um halb zehn
kann man die Rita putzen sehn.
Sie fegt den Boden und wäscht ab,
den ganzen Tag ist sie auf Trapp.

Der Bauer kommt am Abend heim
und denkt, wie kann das möglich sein?
Sein ganzes Haus ist blitzeblank.
„Rita", ruft er, „vielen Dank!"

Applaus für Rudi Seehund

Auf der Nase balancieren –
wollt ihr wissen, wer das kann?
Nein, ich werde nichts verraten,
schaut euch Rudi Seehund an.

Rudi hüpft auf eine Tonne.
„Freunde“, ruft er, „seid bereit.
Springt auf meine Seehundnase,
es ist wieder Zirkuszeit.“

Fische springen aus dem Wasser,
meterhoch und punktgenau
landen sie auf Rudis Nase –
eine echte Superschau.

Auf die Spitze noch ein Seestern,
der streckt alle Arme aus.
Fertig ist die Zirkusnummer,
Kinder, das verdient Applaus!

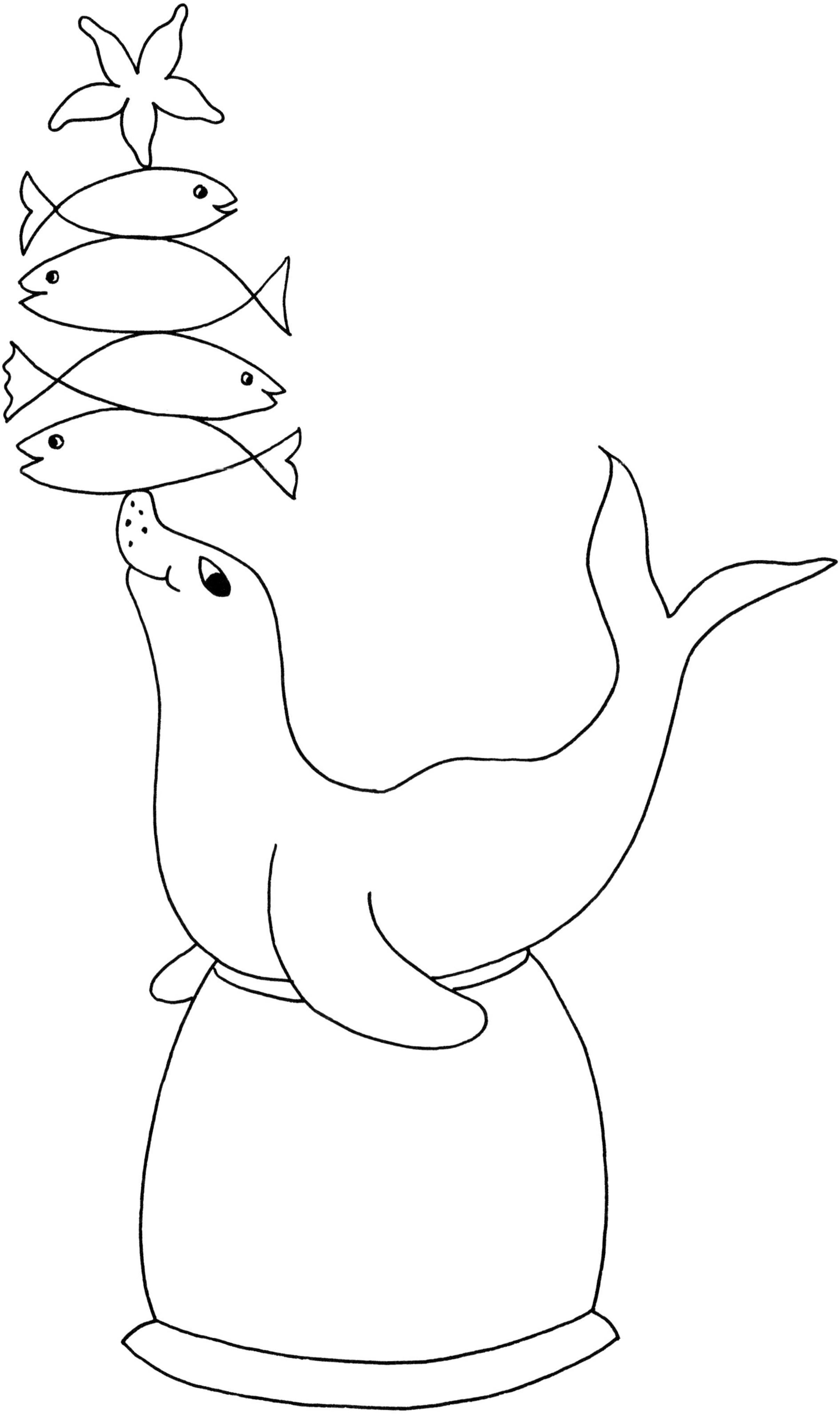

In der Unterwasserwelt

Ein Seepferdchen im blauen Meer
schwimmt unter Wasser hin und her,
sieht Muscheln an Korallen kleben,
die sich nur selten mal bewegen.

Es denkt sich: Ach, das ist nicht schön,
die können nie auf Reisen gehn.
So hocken sie, tagein, tagaus,
allein in ihrem Muschelhaus.

„Ihr lieben Muscheln, hört mal her,
ich biete Reisen an im Meer.
Steigt doch in meine Kutsche ein,
ich bring euch abends wieder heim.

Wir fahren durch die Meereswiesen,
dort gibt es Pflanzen, groß wie Riesen.
Auch Wasserblumen, bunt und schön,
das habt ihr so noch nie gesehn."

„Ja gerne", ruft die Muschelbande
und löst sich vom Korallenrande.
Die Kutsche bietet Platz für alle,
„Auf Wiedersehn", ruft die Koralle.

Dann geht sie los, die schöne Reise,
das Seepferdchen zieht große Kreise,
quer durch die Unterwasserwelt,
was allen Muscheln gut gefällt.

Spatzen-Musik

Die Spatzen Benni, Fritz und Frieder
zwitschern tolle Spatzenlieder.
Schon früh am Morgen geht es los
und wer das hört, der ruft: „Grandios!“

Bei jedem Fest im großen Wald
hört man, wie ihr Gesang erschallt.
Sie singen auf manch' schöne Weise,
manchmal laut und manchmal leise.

Geburtstagsfeiern, Hochzeitsfeste,
die Spatzen geben stets das Beste.
Wenn kleine Vogelbabys schlüpfen,
sieht man die Spatzen freudig hüpfen.

Sie singen fröhlich, laut und klar
und rufen dann: „Da seid ihr ja!
Willkommen unterm Himmelszelt
in unsrer schönen Spatzenwelt.“

Nach so viel Spatzensingerei,
da sind sie hungrig, unsre drei.
Sie picken Körner, Maden, Mücken,
die sie zum Abendbrot verdrücken.

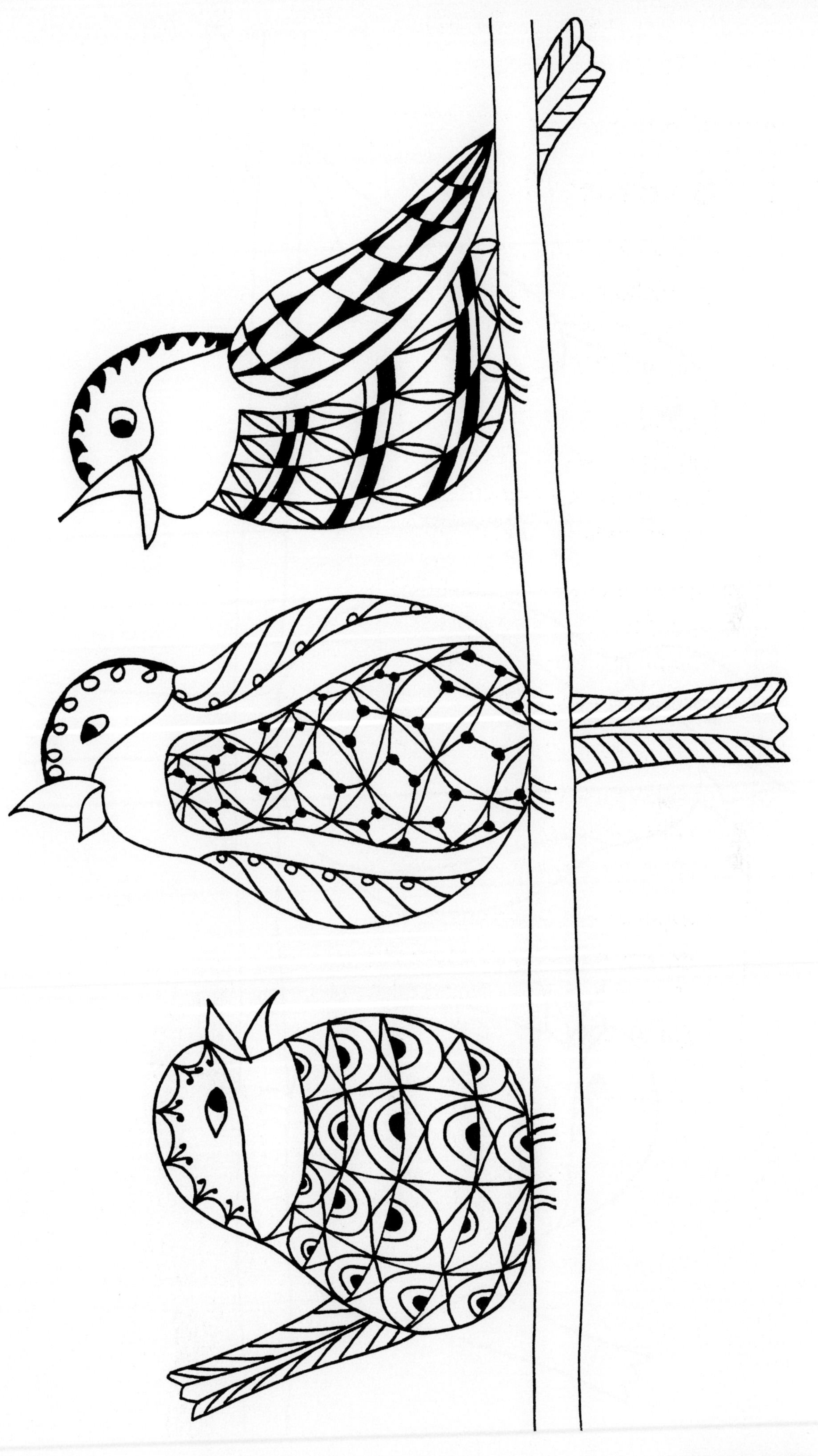

Ludmilla, die Spinne

Am Samstag ist Laternenfest,
da gibt es viel zu tun.
Ein jeder hilft, so gut er kann,
und niemand darf jetzt ruhn.

Ludmilla Spinne sagt: „Ich webe
ein Netz ganz zart und fein.
Dort hängen wir Laternen auf
fürs Fest im Mondenschein."

Sie arbeitet den ganzen Tag,
spinnt Fäden hin und her.
Das Netz wird kunstvoll wunderbar,
das fällt ihr gar nicht schwer.

„Jetzt kann es losgehn", ruft Ludmilla,
„hängt die Laternen rein!
Ich ruh mich kurz ein bisschen aus,
will abends munter sein."

Dann strahlt der Wald in buntem Glanz
bis weit nach Mitternacht.
„Ludmilla", sagen alle Tiere,
„das hast du gut gemacht."

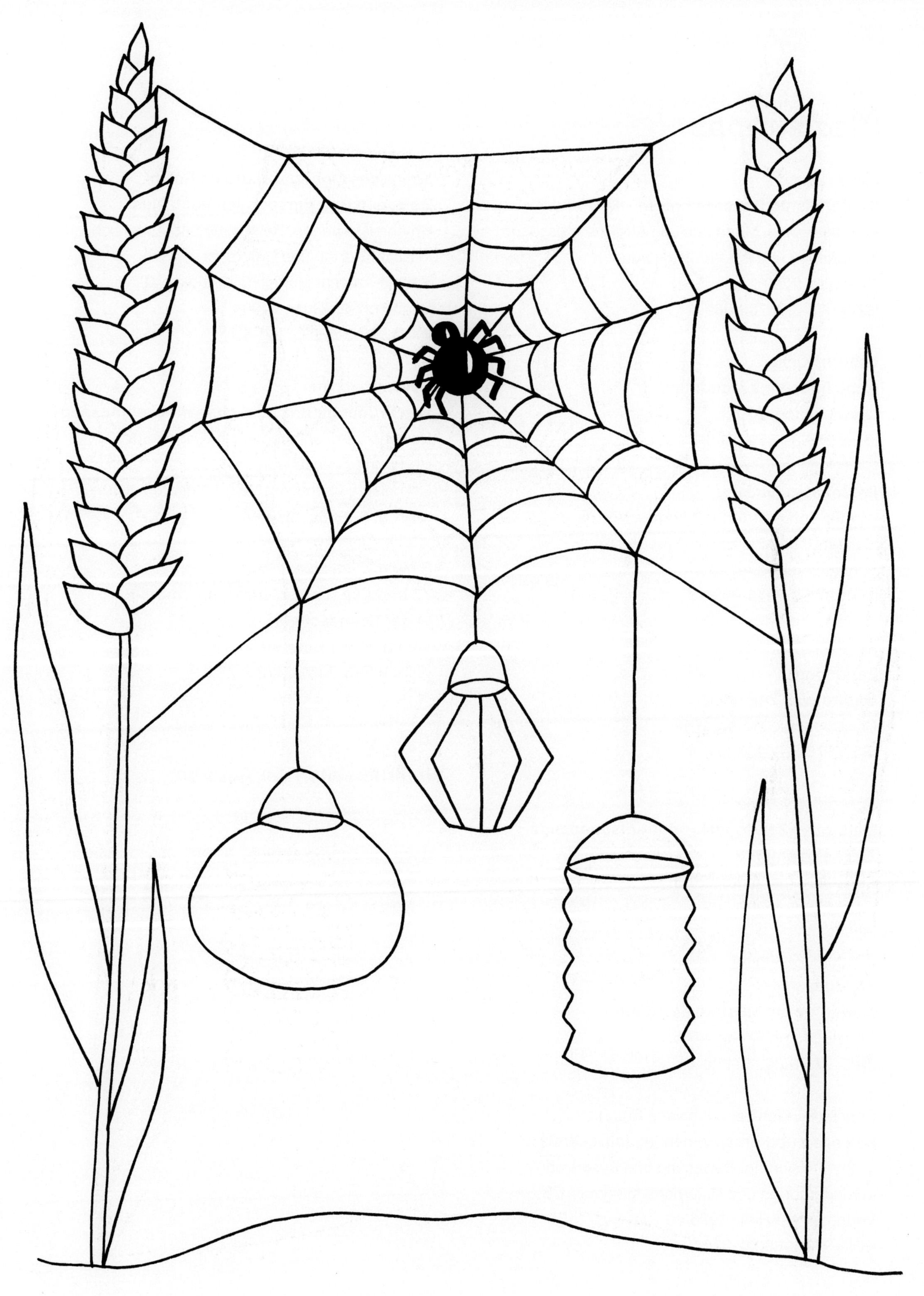

Medientipps

Erkert, Andrea:
Kinderleichte Ruheerlebnisse – Mit Ruhespielen, Fantasiereisen, Mandalas und Streichelmassagen entspannen und innere Stille finden.
Ökotopia, 2009.
ISBN 978-3-86702-082-4

Labuch, Kristin:
Ruhe finden mit Mandalas.
Loewe Verlag, 2013.
ISBN 978-3-7855-7800-1

Proßowsky, Petra:
Kinder entspannen mit Yoga – Von der kleinen Übung bis zum kompletten Kurs.
Verlag an der Ruhr, 2007.
ISBN 978-3-8346-0291-6

Schaadt, Susanne:
Zendoodle.
Meditatives Zeichnen.
Christophorus Verlag, 2014.
ISBN 978-3-86230-286-4

Schaadt, Susanne:
Meditative Zendoodles – für entspannende Zeichenmomente.
Christophorus Verlag, 2015.
ISBN 978-3-86230-302-1

Schaadt, Susanne:
Zendala.
Mandalas mit Mustern gestalten.
Christophorus Verlag, 2015.
ISBN 978-3-86230-299-4

Schneider, Monika; Schneider, Ralph:
Bewegen und Entspannen im Jahreskreis – Rhythmisierung, Bewegung und Ausgleich in Kindergarten und Unterricht. Mit Audio-CD.
Verlag an der Ruhr, 1996.
ISBN 978-3-86072-244-2

Schneider, Monika; Schneider, Ralph:
Bewegen und Entspannen nach Musik – Rhythmisierungen, Bewegung und Ausgleich in Kindergarten und Unterricht.
Set mit Anleitungsbuch und Audio-CD.
Verlag an der Ruhr, 2000.
ISBN 978-3-86072-150-6

Seyffert, Sabine:
Von Frühlingstanz bis Schneeflockenmassage.
Bewegen und entspannen in Kindergarten, Hort und Grundschule.
Cornelsen, Cornelsen Verlag Scriptor, 2010.
ISBN 978-3-589-24700-4

Simma, Christoph:
77 Impulse für Achtsamkeit und Stille in der Grundschule.
Verlag an der Ruhr, 2014.
ISBN 978-3-8346-2472-7

Internetseiten der Autoren:

www.susanne-schaadt.de

www.ruedigerpaulsen.de